끝까지

사
랑
합
니
다

끝까지 사랑합니다

김행선 시집

BN 블루앤노트

시인의 말

시를 통해 신神께 나아가고
어머니를 통해 신과 만난다
어머니는 신이 인간에게 주는 선물이자
인생의 심장이요 영혼의 안식이다
어머니가 낳은 나를 통해 시詩가 웃는다
어머니를 노래하고 어머니를 그리워한다

2025년 봄
김행선

차례

제1부 잃어버린 시간을 찾아서

푸른 꿈　12

탄천의 봄　14

우수雨水　15

지하철에서　17

잃어버린 시간을 찾아서　19

기분 좋은 하루　21

선릉　23

서울의 숲　25

천상의 오후　27

체육대회　28

수련회　30

무거운 짐　32

남대문 시장, 꿈을 잇는 터　34

만남　36

해운대　38

월미도　40

독거노인　42

꽃 도둑　44

한가위　46

세상은 꽃밭이다　48

결혼　49

강대상 꽃꽂이　51

꽃과 가시　53

컷CUT!　55

여행길   57
석파정   59
진주   61
일출   62
득도의 봄, 통도사   64

제2부 바람의 길

이름   68
할머니   69
ㄱ자 인생   71
굿   73
사랑하고 싶습니다   75
삶   77
커튼을 거두어 주십시오   79
우리가 아는 것은   80
자기 비움   81
내가 있어야 할 자리   82
중심   84
독감에 걸리다   85
이별   86
백내장 수술   87
눈은 인생의 등불   88
탄식   89
생일   91
홀로 아리랑   93

느림의 길 95

엉거주춤 97

바람의 길 99

빈 손 101

땅만 보고 걷는 사람 103

냉혹한 인간 105

봄을 기다리는 겨울나무처럼 살아갑시다 107

기운 내 109

우상 110

남동생 112

자매 114

아버지 116

왜 사세요? 119

제3부 동굴 밖으로 나아가자

주님은 저의 인생이고 저의 시입니다 122

동굴 밖으로 나아가자 123

당신을 우리 마음에 모시면 124

주님만을 바라봅니다 126

믿음 128

기도 1 130

기도 2 132

7월의 기도 134

천국의 셈법 136

내비게이션 138

진정한 리더 140

메시아의 강림 142

제4부 끝까지 사랑합니다

어머니의 일생　146

일상생활의 행복　148

저승 잠　150

어머니의 똥　152

어머니를 요양원에 모시면서　153

면회 가는 길　155

어머니의 슬픔　157

어머니의 말씀　159

사랑하는 것이 죽음을 이기는 능력　161

완두콩　163

끝까지 사랑합니다　165

기다림　167

죽음의 길　169

본향으로 가는 길　170

님은 갔습니다　172

어머니의 유품　174

갈치　175

그리움 1　176

그리움 2　178

안식　179

제1부

잃어버린 시간을 찾아서

푸른 꿈

어떤 이는 연인과 같이
아버지는 아이들과 함께
할머니는 손녀와 같이
모두 함께 함박 눈꽃으로 피어나고

새들은 깃털 날리며
눈을 따라 춤을 춥니다

하얗게 쌓이는 겨울의 숨결 속에
한 해는 꽃잎처럼 조용히 지고
희망의 설원雪原이 펼쳐집니다

다가오는 청룡의 해에는
푸른 용이 하늘을 가르듯
우리의 푸른 꿈도 높이 날아오르고
주어지는 하루를 영원처럼 살아가며

세상의 슬픔과 아픔이 녹아내리고

전쟁과 폭력이 사라지는 자리엔

푸른 꿈이 가득 피어나길

하얀 눈처럼 소망합니다

2023년 12월 30일

탄천의 봄

봄이 오는 길목에서
이야기꽃 피우며 걷는 길,
환희와 기쁨이 스며든다

갈대는 찬바람에 몸을 맡기고
탄천 물살은 겨울 햇살에 반짝인다

세상살이의 고단함도
흐르는 강물 따라 흘러간다

가장 낮은 곳으로 흐르는 물길,
그 길 따라 오시는 당신은

잔잔하게 흐르며
바다로 나아가는
생명의 강이요
은총의 햇살

우수雨水

땅이 녹고, 강물에 얼음 풀리며
겨울 지나 봄이 오는 소리

봄기운 감돌며
꽃망울 맺히고

겨울잠 자던 개구리, 풀벌레
기지개 켠다

잠들었던 땅은 꿈을 꾸듯
농부의 손길에 새싹 움트고

세상은 동화 같이 꿈꾸며
우리 마음도 설렘과 기쁨으로
봄을 맞이한다

어둠은 사라지고
절망은 녹아내려

증오의 자리엔
화평의 꽃 피어나기를
바라면서

지하철에서

노약자석 앞에 한 청년이 서 있다
배고픔이 얼굴에 그림자처럼 서리고,
작은 목소리로 묻는다

"먹을 것이 있나요?"

나는 움찔하면서 없다고 했다

문 앞에 선 남자에게도 물었지만
그는 아무런 대꾸 없이 지하철 밖으로 나갔다

그러나 청년은 멈추지 않고
내 옆에 앉은 할미니에게도 같은 요구를 반복한다
이제는 더 강하게

"먹을 것이 없으면 돈이라도 주세요"

할머니의 눈이 매섭게 빛난다

"사지가 멀쩡한데 일해서 돈을 벌어야지!"

단호한 말은 청년의 빈손을 때린다
그러나 그는 포기하지 않는다
다시 한번 손을 내민다

그러나 돌아오는 건 차가운 거절뿐

무관심과 냉담 속으로 지하철은 달린다

자비 없는 이곳,
천국은 어디에서 시작되는가?

잃어버린 시간을 찾아서

잃어버린 시간을 찾아서
젊음의 거리,
청춘들이 뛰노는 공간을 찾는다

세월은 흐르고, 주변 경관은 변했어도
낡은 건물들 사이로 스며드는
그리운 얼굴들의 잔영

여기저기 세워진 건물마다
새겨진 추억들,
뜨겁게 숨 쉬던 청춘의 날들

사유, 정의, 진리의 이름으로,
거친 함성과 빛나는 눈빛으로

민주주의를 지켜낸 지성과 야성의 광장

이곳에서 우리는 청춘을 불태웠다

고통과 아픔, 인내와 희망의 빛으로

흐르는 시간 속에 스며드는 슬픔,

그 모든 눈물이 추억이 되어 피어난다

모교의 백 년, 그 깊은 역사를 바라보면
어제의 걸음이 오늘을 지나 내일의 길을 밝힌다

젊은 해가 노을에 스미듯
다시 오지 않을 순간을 가슴에 새기며
불확실한 내일을 희망으로 물들인다

2023년 5월 16일

기분 좋은 하루
과천 국립현대미술관 이건희 컬렉션 특별전을 보고

화창한 봄날,
벚꽃, 개나리, 진달래 꽃잎이
함박웃음으로 피어난 길

정오의 햇살을 가르며
구불구불한 길 따라 미술관에 이르렀다

피사로, 모네, 고갱, 르누아르, 미로, 피카소가
함께 웃고 있다

스승과 제자, 선배와 후배, 동료로 만나
서로의 심장이 되었고,
서양 현대미술의 흐름을 이끈 거장들

왁자지껄한 시장 풍경,
파리의 모습,
파리 근교의 전원풍경,
여가를 즐기는 사람들의 행복한 순간들,

다양한 사람들, 새와 동물, 투우의 격정,
꽃과 정물, 춤추는 사람들,
결혼의 축복, 함께 하는 가족의 행복...

그 화폭 안에는
인간과 자연, 동물과 식물이 어우러진
생동감 넘치는 삶의 축제,
사랑과 행복의 순간들이
반짝이며 춤추고 있다

사람과 자연 그리고 일상이 만나
시가 되는 세상

아, 기분 좋은 하루!

2023년 3월 29일

선릉

강남 한복판,
옛 선조들의 묘지는
생명의 꽃으로 다시 피어난다

작은 언덕을 타고 흐르는 바람,
가파른 계단 길마다 초록 실록이 물결치고
야생화가 꽃길을 만드는 곳

잠시 쉬었다 가는 생명의 공간

쉼을 찾아 걷는 이들의 숨결,
오월의 햇살에 반짝이며
먹잇감을 찾는 어미 까치,
새끼 위해 땅으로 살포시 날아든다

궁중의 권력 다툼 속
덧없는 인생은 흙으로 돌아가고

남은 자들은 선조들의 뒤를 따라
역사의 길을 이어간다

서울의 숲

누구도 범할 수 없는 자유의 품,
누구에게나 활짝 열린 쉼의 터

지치고 고단한 인생들을 포근히
안아주는 고요한 숲

봄엔 튤립이 수줍게 인사하고,
여름엔 장미와 수국이 속삭이며,
가을엔 단풍이 황금빛 춤을 추고,
겨울엔 눈꽃이 별처럼 내리며
아름다운 향기 피워낸다

곳곳마다 황톳길이 부드럽게 이어지고,
군데군데 놓인 벤치는 그리움 되어
사람들을 맞이하며 쉼과 기쁨을 나눈다

그늘 아래 돗자리를 펴고
평안을 노래하는 낮은 숨결,

먹고 마시며 나누는 사랑 속에
마음은 더욱 따뜻해진다

분수에서 흐르는 맑은 물소리,
그늘을 따라 고요히 헤엄치는 물오리 떼

어디서든 들려오는 평온한 노래,
소리 없는 평화가 가득하다

천상의 오후

어디선가 흐르는 노랫소리
잔잔한 강물의 속삭임

폭포의 노래는 지친 마음을 감싸고
푸르게 익어가는 실록은
영혼에 안식을 준다

강물을 따라 노니는 물오리 떼
햇살을 머금고 한 줄기 빛이 된다

정원 속 꽃들 사이로
한껏 뽐내는 노년의 자태

좋아 화사해!

어우러진 우정과 사랑의 노래로
시간은 하염없이 흐르고
인생은 환한 미소로 빛난다

체육대회

체조로 몸을 풀어주고, 모세의 기적을 품은 공이 하늘을 넘나들고
바다에서 파도를 타듯 춤추는 동작 속에 색깔판을 마음 바꾸듯 뒤집는다

릴레이는 바람을 타고, 낙하산은 하늘을 가르고,
줄다리기는 어깨를 맞대어 아이들에서 노인들까지
세대를 잇는 다리가 되었다

꼬마들의 재빠른 걸음
청춘의 싱그런 기운
장년의 굳센 힘
노인들의 둔한 몸짓
모두 한 폭의 무지개 되어

넘어져도, 다쳐도
그저 웃으며 다시 일어선다

따뜻한 밥, 손에 쥔 작은 선물도 사랑을 나누는 축제가 되어
웃음과 즐거움 속에 사랑과 배려, 그리고 감사가 넘쳤다

비바람 속에서도 따뜻한 하루,
싸늘한 세상도 사랑의 놀이처럼
포근해지기를...

2024년 5월 15일

수련회

여름 끝자락,
무더위는 아직 떠날 줄 모른다

다리 아래 계곡물은
전 교인의 웃음으로 넘실거리고

노인도, 청년도, 아이들도
함께 물살을 가른다

수박 한 조각,
게임 속 환한 웃음,
더위는 물결 따라 멀어지고

한낮의 열기는
계곡을 타고 바다로 흐르며

우리의 삶도 세월 따라
기쁨과 슬픔을 더해 간다

흘러가는 시간 속에
우리의 사랑도 멈추지 않고
함께 흐른다

2024년 8월 24일

무거운 짐

이른 아침, 엘리베이터 문이 열리자
식은땀을 흘리며 허리 굽힌 손길이 보인다

꽉 짠 물걸레로 바닥을 닦는 미화원 할머니!

"아침부터 어찌 이리 일찍 오셨어요?"

"기력이 달려서...
영양주사를 맞으려면 부지런히 끝내야지요"

무더운 공기로 숨이 막히고,
그 작은 몸은 더 작아 보인다

덜 마른 바닥에 희미한 발자국 남기며
엘리베이터를 나선다

누구나 무거운 짐을 짊어지고
하루를 닦아내며 살아간다

고된 숨결 사이로 스며드는
희망 한 조각 품은 채

남대문 시장, 꿈을 잇는 터

한국 전통의 심장,
600년 역사의 숨결을 안고
과거와 현재, 미래가 춤추는 곳

없는 것 빼곤 다 있다는 보물의 바다,
꽃처럼 피어난 수많은 상품들,
향기로운 먹거리의 물결이 흐른다

골목마다 울려 퍼지는 상인들의 외침은
삶의 전쟁터에 울리는 호각소리,

새벽을 깨우는 손님들의 발길,
북적이는 인파 속에 세계가 스며든다

지하금융의 은밀한 숨결,
일용노동의 땀이 얽혀 살아 숨 쉬는
작은 우주

진한 쌍화차 한 잔에 스미는
70,80년대의 향수 어린 추억의 공간

전통이 살아 숨 쉬는 이곳에서
새로운 날을 꿈꾸며
미래를 향해 나래를 편다

만남

오랜 인내와 기다림 속에서
우리는 지쳤으나 소망했다

만나고 헤어지는 일상의 회복을

사회적 거리 두기가 해제되고
영업시간과 만남의 인원 제한이 사라져
우리는 다시 우리의 꿈과 소망을 수줍게 펼쳐 보인다

우리 조만간 만나요
봄날이 다 지나기 전에

시간은 우리를 기다려 주지 않아요

서로 만나서 마주 손잡고
기나긴 기다림의 회포를 풀어요
짙은 그리움의 실타래를 풀어보아요

악수하고 대화하며
울음과 웃음을 함께 해요

만남 속에서 우리의 작은 꿈을 나누어요
기다림 속에 갇혀 있던 그리움을 나누어요

우리의 만남 속에
질긴 인연과 행복이 있어요

2022년 4월 22일

해운대

멀리서도 스며드는 바다 내음

바다와 하늘이 맞닿아 하나 되고
거친 파도 소리
원시의 숨결처럼 다가온다

도시의 번잡함에 지친 마음
푸른 물결 속에서
생명의 빛 찾는다

초여름 햇살 아래
코카콜라 팬티 하나로 자유를 입은 아저씨,
구릿빛 웃음으로 해변을 거닌다

기타 선율에 실려 오는 노래
가슴 한켠 두드리는 설렘의 파동

모래성을 쌓으며 장난치는 아이들,

그 손길에 피어나는 사랑과 평화의 꽃

부드러운 햇살이
세월에 굳어진 살갗을 뚫고
심장까지 파고든다

월미도

서해의 바다 품에 안긴 섬,
반달의 꼬리처럼 휘었다

한때는 외세의 각축으로 수난을 겪고,
또 인천상륙작전의 주요 거점지

고요하고 적막한 오후 한때
겨울바다 물결은 찬란하게 빛나고

거센 파도 속에서도
봄을 잉태하고 있다

작은 갈매기 한 마리 유유하게 떠다니고,
또 한 마리 옆에서 헤엄친다

바이킹의 함성은
깃발처럼 하늘 높이 나르고
디스코 팡팡의 신나는 리듬 속에

아이들은 춤을 춘다

바다를 낀 둘레길,
겨울에도 푸르른 나무 가득하고
새들은 나지막하게 지저귄다

산책로를 걷는 사람들의 속삭임
바람 타며 흩어지고
붉은 노을 저만치서 손짓하며 몰려온다

너를 바라보면
세상은 고요해지고
월미도의 짧은 하루
꿈결처럼 사라진다

독거노인

할머니는 교회로 가시다가
몸이 불편하고 어지러워
가던 길 멈추고
집으로 돌아오셨다

겨우 몸을 가누어
병원에 다녀오셨다

문병을 가니
무더운 날씨에도
에어컨과 선풍기는 꺼져 있고
집안은 온통 찜통이다

주방에는 설거지할 그릇들과
사과 깎은 껍질들이 널브러져 있고
한낮인데도 집안은 어둡고 침침하다

할머니는 말씀하신다

먹기도 싫고
사는 것도 힘들다고

꽃 도둑

아파트 화단에서 자라난
노란 꽃 한 송이
너무나 예뻐서

소녀 같은 마음에
그냥 지나칠 수 없어
자신도 모르게 꺾었습니다

정신줄을 놓고 살아도
꽃은 그녀에게
기쁨이 되었습니다

갑자기 들이닥친 경찰관이
할머니를 잡아갔습니다

꽃병에 꽂아놓은 노란색 꽃은
30배 벌금으로 피어났습니다

꽃을 꺾은 할머니는
정신을 잃어버렸습니다

2024년 6월 12일

한가위

한가위
보름달처럼 환하게

밝은 달은 맑고 깨끗한 빛 비추이고
가을 국화는 황금빛 언덕을 덮고 있다

가을 향기 속에
가득한 은혜

송편 빚고, 음식 장만하며
멀리 흩어져 있던 가족들
모두 모여

조상님께 감사하고
따뜻한 정 나누며

휘영청 밝은 달빛 아래
이야기꽃 피우며

서로의 사랑 깊어갑니다

우리의 행복과 소망에도
한가위 보름달처럼
찬란한 빛 가득하기를...

세상은 꽃밭이다

세상은 휘몰아치는 바람과 거센 파도 같으나
어둠 속에서 빛을 만들어내는 꽃,
절망 속에서 희망을 길어내는 꽃이다

세상은 온갖 고통과 슬픔이 머무는 바다와 같지만
고통 속에서 피어나는 한 송이 꽃,
슬픔 속에서도 미소로 피어나는 꽃이다

그러나 세상은 하나의 꽃으로 이루어지지 않는다
다양한 꽃으로 채워진 꽃밭이다

우리는
서로에게 꽃이 되어
하나의 선물이 되는 세상이다

결혼

신부는 말했지
처음 제주 바람 속에서 그를 만났고
작은 보조개에 마음이 스며들었다고

서로를 바라보며 해맑게 웃는 두 사람

긴장한 신랑의 이마에 맺힌 땀방울,
신부의 손길이 조용히 닦아주네

행복할 때나 슬플 때나,
영원히 함께하리라 서약하고
서로에게 기쁨이 되고,
선물이 되리라 다짐하네

존중과 배려로 가꿔갈 사랑,
신뢰와 정직으로 지켜갈 믿음,
과거와 현재, 그리고 미래까지
함께 나누리라는 소망,

하늘 앞에서도, 사람 앞에서도
거짓 없이, 부끄럼 없이 서리라는 다짐

결혼이란
두 사람이 한 길을 걸으며
다름을 조율하는 여정

같은 꿈을 꾸고
한 삶이 되어 가는 것

그 길 위에 사랑이 깃들고
평화가 뿌리내리리라

2025년 2월 23일

강대상 꽃꽂이

꽃들이 웃고 있네
꽃들이 꿈꾸고 있네

꽃과 잎의 어울림은
하늘과 땅이 맞닿은 조화

공간과 여백이 춤추며
자연의 신비를 노래하네

수직으로 피어난 꽃들,
땅에 뿌리내리고도
하늘을 향해 날아오르네

장미와 카네이션,
속삭이듯 화답하고

꼭지에 맺힌 두 송이 꽃,
두 손 모아 기도하네

뿌리 잘린 꽃들
흙을 어루만지며 노래하고

화사하게 피어난 꽃잎
미소 지으며 꿈을 꾸네

꽃들이 웃고
꽃들이 속삭이네

마음먹기에 따라
세상은 꿈꿀 만한 곳이라고
세상은 아름답다고

꽃과 가시

댓글은 인터넷 바람을 타고 피어난 말의 꽃,
소통의 정원에 피어나는 다채로운 향기

낯선 이도, 친구도 머물며
마음의 흔적을 남기는 자리

따스한 말 한마디는
외롭고 고단한 마음에 햇살이 되어
기쁨과 감사의 향기로 피어나고
자존감을 불러온다

때론 비판의 바람도 불어오지만
그조차도 성장의 거름이 되리라

그러나 적대와 증오의 가시가 섞일 때
악성 댓글은 칼이 되어 심장을 찌르고

비방, 욕설, 거짓의 그림자는

죽음까지도 불러오는 악의 꽃

그러니 우리, 말의 꽃을 피울 때
존중과 배려의 향기를 담자

예의를 갖추면
비판의 소리도 들꽃이 되어
건강한 문화로 피어날 것이다

컷CUT!

이윤만이 춤추는
냉혹한 세상 속에서도

생명의 빛을 찾아
희망의 꽃 피워낸다

주저함은 뒤로하고
살을 가르고 뼈를 잇는 손끝

날 선 메스의 빛이 망설임 없이 춤춘다

한순간의 컷,
그곳에 삶과 죽음이 갈린다

핏줄을 지나
고통을 지나
희망을 향해 나아가는 칼날

멈춤이 아니라, 시작

사망의 그늘 속에서도
다시 이어지는 숨결

생명의 소리
컷! 컷! 컷!

메스의 춤은 차갑지만
그 끝엔 따뜻한 손길

여행길

눈꽃 휘날리는 1월
올해 들어 가장 춥다는 날

찬 바람 가르며
전주 거리를 거닌다

아담하고 평안한 도시
문득 올려다본 하늘은
낮고도 높다

가장 높은 곳, 찻집에서
눈 내리는 한옥마을을 내려다본다

우리가 만난 오랜 세월
지극하고 감사하다
오늘 우리가 살아있기에

깊게 우려낸 진한 생태탕으로

추운 몸을 녹이고
막걸리 한 잔에 거나하게 취한다

이미 고인이 된
스승님을 기리는 마음으로
다시 뭉친 의리가
부딪치는 술잔 속에 가득하다

짙고 푸른 밤이다
달은 안 보이고
길가 전등 빛이 밝게 빛난다

사랑과 감사의 마음이
흩날리는 눈발 속에서 반짝인다

2024년 1월 23일

석파정

빗소리를 음악 삼아
지나간 시간들을 산책한다

빼어난 풍광과 장엄한 바위에 감탄하여
석파정의 새 주인이 된
바람과 구름의 풍운아 대원군

자신의 호를 석파로 짓고 별서의 이름도
석파정이라 지었다

웅장한 바위 앞에서
한 시대를 주름잡던 사나이의 기백과
죽어가던 권세를 붙잡으러 했던
노부老夫의 탐욕도 엿보인다

별채 대청마루에 앉아 주변 경관을 바라보며
시대를 넘어 견디고 버텨온 소나무 사이
별채로 들어가는 자그마한 문 앞에 선다

오백 년의 역사, 하루아침에 무너지고
호쾌한 영웅의 의기,
지금은 어디에 있는가

비 내리는 석파정,
조선왕조의 슬픔
고스란히 품고 있으니

모진 풍파 속에 허무한 인생은 가고
오랜 세월 이겨온 풍경들만 새롭구나

진주

깊고도 어두운 바닷속,
조개는 상처를 품은 채
잠잠히 고통을 견디네

거친 물살에 깎이고 다듬어져
단단하고도 부드러운 보석을 낳았네

오랜 인내와 고통으로 맺은 열매,
겹겹이 흘린 눈물이 품어낸 영롱한 꿈

흰빛, 보라빛, 분홍빛, 노란빛...
각기 다른 색으로 피어난 꽃

여인들의 가녀린 목에 걸려
반짝반짝 빛나는 별

차가운 듯하지만 따스한 빛,
어두운 세상 꿈꾸게 하네

일출

잠실대교 위로 떠오른 해가
장엄한 빛으로 아침을 깨운다

붉디 붉은 태양이 내 안에 스며들어
심장 깊이 박히는 빛이 되고
어둠을 훔치는 따스한 손길 되어
붉고 노란 희망의 알을 낳는다

고요히 흐르는 한강 물결,
태양 아래 은빛으로 반짝이고
다리 위 차량들은 쏜살같이
해를 좇아 달려간다

각자의 길을 향해 가는 사람들,
그들은 어디로 가는 걸까

통도사로 향하는 길,
멀고도 멀지만

나는 봄을 찾아 떠나는 나그네

2025년 3월 12일

득도의 봄, 통도사

봄이 그리워
조급한 마음에 길을 나선다

이상기온으로 봄꽃
아직 피지 않아
나뭇가지마다 마음의 꽃
피우라 했지만

따사로운 하룻볕이
꽃봉오리의 문을 열자
홍매화 마침내 피어난다

바람 한 점 없는 날,
소나무들은 구불구불 춤추고

굽이굽이 산과 계곡에
봄기운이 활짝 피어나는
무풍한송로無風寒松路를 걸으니

몸과 마음이 함께 웃는다

천 삼백 여년의 세월 속에서
닦고 또 닦아서
진리를 품은 곳, 통도사

백 번을 갈고, 천 번을 닦으며
마침내 부처의 진신사리를 모신
그 길 위에서 많은 수행자들이
득도의 문을 두드리고

홍매화 활짝 피어나
깨달음의 길을 비추며
생명의 봄을 열어간다

2025년 3월 12일

제2부

바람의 길

이름

한 사람의 이름에는
하늘의 사랑과 언약,
땅의 축복이 깃들어 있고,
부모의 소망과 꿈이 담겨 있다

한 사람의 이름에는
그 사람의 일생이 있다
과거와 현재 그리고 미래가

일평생 지고 가는 이름에는
그 사람의 고통과 눈물,
꿈과 희망이 함께 서려 있다

모든 것이 사라진 뒤에도 불릴
한 사람의 이름에는
추억과 회한, 그리고 사랑이
남게 될 것이다

할머니

누군가
할머니라고 부를 때마다
낯설다
죽음처럼

마음은 아직도 청춘인데
육신은 병으로 가득하다

가는 세월 더뎠지만
지나간 날들, 화살과 같다

할머니란 호칭은
여전히 낯설지만
지나온 삶이 새겨져 있다

내게 작은 보물이 있으나
귀한 것은 아니다

오직 귀한 이름은
나의 삶이 묻어 있는
할머니!

ㄱ자 인생

ㄱ자로 굽어진 허리로 간신히
보행기를 밀고 가는 할머니

신호등 앞에서 멈춰 선다
휴대전화가 울리고
할머니는 보행기 의자에 앉아
휴대폰을 연다

누구한테서 온 전화일까
자식이 홀로 사는 어머니를
걱정하며 전화한 것일까

돌아보니
나의 삶도 구불구불
ㄱ자로 살아온 인생이었다

허리만 굽은 것이 아니다
인생의 고비고비가 굽은 삶이었다

억지로 펴려고 하지 않았다

꺾이지 않으려고
자존심 내려놓고
부끄러움 가슴에 묻으며
구부리고, 또 구부리며 살아왔다

이제 죽음 앞에 서서
남은 길도 하늘을 향해
구부리며 가리라

삶은 직선이 될 수 없다
ㄱ자로 굽히며 살고 죽는다

2024년 10월 30일

굿

킬킬대며 절뚝이던
회한의 악령들이
뉘 부르는 소리, 내 부르는 소리에
한낮의 작열 속 다시 살아나고 있다

다가올 태양의 축제를 위해
나태, 권태, 절망, 유혹, 후회, 구토, 한恨...
이 모든 잡귀들이 못다 춘 춤을
겁 없이 마저 추는 밤

잃어버린 시간을 찾아서,
주술과 주문이 떠돌고
야릇한 기원이 스미는 시간

가뭄에 타들어 가는 도시의 질식,
꺼지고 솟구치는 숨결 속에

과거를 부르는 소리,

미래를 예언하는 소리,

무겁고 긴 침묵이 흐른다

비를 기다리는 5월,
온 도시가 정적으로 젖어든다

1978년 5월 25일

사랑하고 싶습니다

긴 침묵과 메마름을 뚫고
다시금 피어나고 싶습니다

내 안에 숨 쉬는 생명,
침묵 위로 길게 드리운 그림자,

차가운 어둠 속에서 떨리는
자아의 신음소리를 딛고
나는 일어서고 싶습니다

과거로 나를 밀어내는 침묵의 벽을 부수고,
그 조각난 돌 틈 사이로 스며드는
생명의 빛을 따라
나는 사랑하고 싶습니다

갇힌 생의 그림자가
내 키보다 석 자나 자라나기 전에,
어둠 속에 영원히 삼켜지기 전에,

내 피 끓는 젊음이 다 식어버리기 전에

온몸으로, 온마음으로
나는 사랑하고 싶습니다

            1978년 1월 25일

삶

뜻도 모른 채,
의미도 없이
하루가 저물었다

내 곁에서 소리 없이 밤이 울고
나는 수천 글자 속에
이 밤을 묻어버렸다

한번 묻은 밤을 찾아
오늘도 길을 나섰지만,
눈물로 덮었던 그 밤의 무덤은
끝내 보이지 않았다

찾을 수만 있다면,
밤의 영혼을 따라
이 밤을 지새울 수도 있으련만

또다시 이 밤을 묻고

내일도 몽유병자가 되어
사라진 밤의 무덤을 찾아 헤매리라

1978년 1월 27일

커튼을 거두어 주십시오

9월의 하늘은 높고도 푸르건만
너무 멀어 닿을 수 없네요

하늘은 언제쯤 내게로 와
나를 감싸 안아줄까요

가을볕이 참 곱습니다
그러니 커튼을 거두어 주세요

별빛이 내 창가에 스며들도록,
이 어두운 마음 밝혀 주도록

무겁게 내려앉은 그림자 속에서
나는 숨만 쉬고 있습니다

그러니 부디,
커튼을 거두어 주세요
따스한 햇살이 내게로 오도록

1979년 9월 18일

우리가 아는 것은

우리는 정말 아무것도 모릅니다
필연의 죽음마저 잊고 삽니다

누군가 아는 것이 무엇이냐고 묻는다면
입안 가득 씹던 불결한 음식을
도로 삼키는 일이라고

나는 세상을 속이고,
세상은 나를 속이며,

이 끝없는 희극 속에 살아간다는 것

희롱하는 세상에 익숙해진 채
웃음과 눈물마저 흐려져 버렸다고

자기 비움

낮은 곳으로 흐르는 물처럼
자신을 비우고 낮출 때
참된 높음이 피어난다

어둠은 스스로를 비워 빛이 되고
빛은 스스로를 비워 생명이 되며
생명은 스스로를 비워 영원으로 흐른다

내가 있어야 할 자리

내가 있어야 할 자리는 어디인가?

노모의 병상 곁에서 조용히 시 한 편을 읊어주는 자리,
형제의 기쁨에 웃고, 그 슬픔에 함께 눈물짓는 자리

햇빛과 비가 초목을 적시듯
낙담을 넘어서 희망을 피우는 곳,
절망을 지나 빛을 향해 나아가는 문,
내 삶이 새롭게 태어나는 자리,

목마른 이에게 샘물이 되고,
배고픈 이에게 따뜻한 밥이 되며,
고통받는 자와 함께하는 자리,

불의와 죄악을 등지고
사랑과 정의가 머무는 곳,

자기 십자가를 지고 나아가

영광의 그 날을 꿈꾸는 자리,
생명으로 다시 피어나는 자리이다

2023년 5월 29일

중심

가장 강하면서도
가장 쉽게 부서지는 마음

고요한 바람의 눈처럼
어디에 있어도 흔들리지 않는 곳

별 하나 가슴에 품고,
거센 파도 속에서도
길을 잃지 않고
그분을 향한 깊은 심연

우리가 피하려 해도
그분의 눈길 아래
낱낱이 새겨지는 마음

그 중심에서
새 사람의 옷을 입고
다시 태어나리

독감에 걸리다

난생처음 앓는 독감,
온몸이 쑤시고 아리다

콧물은 흐르고, 숨길은 막히고
기침과 인후통으로 밤을 지새운다

며칠째 방 안에 갇혀 누웠다
홀로라는 사실이 낯설고 서럽다

약도 기도도 소용 없는 밤,
지친 몸 위로 두려움이 내려앉는다

폐렴일까, 폐혈증일까
믿음마저 흔들리는 순간,

그러나 나는 안다
마지막 남은 처방은
오직 그분의 사랑뿐임을

2023년 12월 2일

이별

이제 나는 떠나야 하네
오랜 세월 함께했던 어머니를 보냈듯이
머무름이 있으면 떠남도 있으니
오래 깃든 둥지를 비울 때가 되었네

사위어가는 가을 낙엽처럼
나를 감싸주던 나무들과 익숙한 길에도
이제 안녕을 고하리라

그분의 은혜와 사랑에 기대어
바람 따라 남은 인생 머무를 곳으로
기쁨과 감사의 노래를 부르며 가리라

어디에 있든, 어느 길을 걷든
거센 바람 이는 바다 한가운데서도
오직 그분만이 나의 피난처이니

2023년 10월 26일

백내장 수술

고도근시로 어둡고 침침했던 세상이
갑자기 밝아졌다

양쪽 눈 수술을 무사히 마치고
안대를 풀고 본 세상은 화-안하다

아직 적응은 되지 않아 불편하지만
멀리 있는 것이 환하게 보이고
보이지 않던 글자가 눈에 뜨인다

"나는 세상의 빛"이라 외치신 분이
어둠에 갇힌 눈먼 자를 고쳤듯이

시력이 기적처럼 회복되고
55년 만에 안경을 벗고 세상을 바라본다

먼 곳도, 가까운 곳도 세상은 나의 곁에 있다
세상이 빛 가운데서 반짝이고 있다

2023년 2월 15일

눈은 인생의 등불

눈은 마음과 몸의 등불
눈이 성하면 몸과 마음도
빛으로 가득하고

눈이 나쁘면 몸과 마음은
어둠 속에 있는다

우리의 눈, 그 방향이
어디를 향하고 있는가

우리의 눈이 욕망으로 어두워질 때
죄와 불행의 구렁텅이에 빠지게 되고

우리의 눈이 선과 진리를 좇을 때
인생은 찬란하게 빛나리라

눈은 인생의 등불,
우리의 눈은 무엇을 바라보나

탄식

칠십 평생 남긴 것 없으나
학벌과 저서가 작은 보물

눈물과 피로 이루었건만
세상은 그 빛을 외면하네

눈물로 씨를 뿌리면
기쁨의 단을 거둔다 했건만,
열매는 없고
어둠의 재만 쌓여가네

사랑해 줄 이 기다려 보아도
세상은 등을 돌리고
친구들은 야유하며
신神마저 외면하네

죽어서 빛난다던 예술가들,
그러나 나는 재주 없으니

굶주린 늑대처럼 세상에 목마를 뿐

부끄럽고 어둡다

그러나 희망의 줄,
여전히 떨리고 있네

생일

칠십 해를 걸어왔네
뒤돌아보니 모든 것이 은혜라

태어난 것도, 살아온 것도

그러나
축하해 줄 이 없는 생일,
외롭고 고단한 길이었으나

어머니의 손길이 있었고,
신의 은총이 있었네

슬픔도 기쁨도
절망도 희망도
모두 내 것이었고,
모두 내 삶이었네

쓴맛 속에 단맛을 알았고,

고통 속에서도 기쁨을 배웠네

함께함의 의미를 깨달았고
나눔 속에서 희망을 보았네

진리를 물으며 살았고
참된 삶을 찾아 헤맸으나
돌아갈 곳이 있음을 알았네

이제 남은 것은 어떻게 떠날 것인가 이나,
그 또한 하늘에 맡길 뿐

홀로 아리랑

홀로 태어나
홀로 가는 길,

그러니 혼자라는 것
외롭거나 쓸쓸하지는 않다

불편하지도 않으며
오히려 감사하기도 하다

원수 같은 남편도
애물단지 같은 자식도 없으니
상팔자라고도 한다

다만
아플 때
슬플 때
상받을 때
명절의 불빛 아래

생일의 촛불 앞에

혼자라는 것 서럽다

그러나
별 하나 없는 밤 하늘 아래
홀로 걷는 삶,
내 걸음의 소리는 진실하다

기쁨도, 애환도 모두 내 것이 되어
한 조각씩 나를 채워가는 시간들,

이 길 끝에서야
온전히 나를 마주하게 되리라

느림의 길

지하철을 타기 위해 에스컬레이터를 밟는다
뒷사람이 다급히 나를 밀치고 뛰어간다

건널목 앞, 신호를 기다린다
옆 사람이 빨간 불빛을 뚫고 달려간다

무엇이 그리 급한가
세상은 바쁘게 흐르는데
나만 멈춰선 듯 느리다

바보 같다

하지만
이번 열차 놓치면
다음 열차 타면 되고

이번 신호 놓치면
다음 신호 기다리면 된다

나는 느리게 살다
천천히 죽으리라

느리게 사는 길이
곧 생명의 길이니

엉거주춤

횡단보도를 건너다가 적색 신호등에 걸렸다

빨리 결단하고 행동해야 했는데
엉거주춤하다 다 건너지 못했다

나아가지도 멈추지도 못한 채
흔들리는 발끝 위에 서 있다

내 삶도 그랬다
머뭇거림 속에 우물쭈물

반쯤 살고, 반쯤 죽으며
불완전한 걸음으로 길을 만들었다

한 다리는 이곳에
한 다리는 저곳에

적당히 타협하면서

엉거주춤 살아왔다

그러나 흔들리는 마음 한켠,
희망의 속삭임이 피어오르면

흐릿한 길 위에도 빛이 스며들고
엉거주춤한 순간들이 모여
내일을 노래한다

삶이란 희망을 따라 한 발씩 내딛다가
언젠가는 당당히 빛 속을 걷는 것

바람의 길

바람처럼 왔다가
바람처럼 떠나간다

거친 바다를 헤치며
때론 파도가 되고
때론 바위가 되어
흔들리고 부서지며 살아간다

신神의 숨결 속에서
하늘이 되기도 하고
땅이 되기도 하며

기뻐하기도 했다가
슬퍼하기도 했다가

사랑하기도 했다가
미워하기도 했다가

길을 잃었다가
길을 찾았다가

그러다 서서히 스러져
육신은 먼지가 되고

결국, 다시 바람 되어
조용히 떠나간다

빈 손

빈 손으로 왔다가
빈 손으로 간다

최고의 권력과 부를 가졌어도
죽음을 비켜가지 못하고

가는 세월 움켜쥐려 손끝 조여도
세월은 바람처럼 새어나간다

꽃을 좇는 벌처럼
욕망을 따라 살아도

남는 건 한 줌의 허무뿐,
재가 되어 빈 손으로 떠난다

귀하든, 천하든
햇살은 고루 비추고
바람은 누구에게나 불어오며

가득함은 언제나 비움 뒤에 오고

애절한 사랑도,
애끓는 슬픔도
결국 손에 남는 건 없으니

오늘 이 순간,
누군가의 따뜻한 손길 되어
함께 웃으며 살자

2025년 4월 8일

땅만 보고 걷는 사람

땅만 보고 걷는 사람이라며
사람들은 나를 놀려 말한다
"세상도, 사람도 보지 못한다"고

그래, 틀린 말은 아니지
나는 늘 땅만 바라보았으니까

하늘을 향해 부끄러웠던가
아니면 돌부리에 걸려 넘어질까 두려웠던걸까

하지만 믿음이란
넘어짐을 두려워하지 않는 것,
쓰러지더라도 다시 일어나는 힘

이제 나는 두렵지 않다
하늘을 보고, 앞을 향해 걸으리라

실패해도 멈추지 않고

나의 꿈을 향해 나아가리라

하늘도 보고,
세상도 보며
당당하게 하늘의 꿈 이루어가리라

냉혹한 인간

비둘기,
평화를 부른다고 하지만
내게는 성가신 침입자일 뿐

비둘기들이 베란다에 내려앉아
똥을 싸놓고 흔적을 남긴다

치우고 또 치우며 막아 보아도
그들이 날아 앉는 것을 멈출 수 없다

매일 출몰하는 비둘기,
쫓아내려는 마음으로 조급해지고,
고단함에 심장은 쪼그라드는데,

어느 날 비둘기, 베란다에
둥지를 틀고 알을 낳았다

섬뜩한 마음에 짚 위에 놓인

생명을 떼어내 쓰레기통에 던졌다

빈 둥지 앞에서
빙빙 맴도는 어미 새,
그 깊은 눈빛이
나의 양심을 찌른다

다친 제비의 목숨을 구해준
흥부는 복을 받았다는데,
어미 새의 소중한 꿈을 앗아간
나는 냉혹한 인간

두렵고 떨린다
나의 복이 날아가 버릴까

봄을 기다리는
겨울나무처럼 살아갑시다

타성화 된 생활에 젖어버린
나태하고 소심하며 거짓된 자아를 벗어버리고

저만치서 저만치서 봄을 기다리며
모진 비바람에도 무너지지 않는
바위처럼 굳세게 살아갑시다.

저만치서 저만치서 봄을 기다리며
조용히 칼바람과 눈보라를 맞으면서
버텨내는 발가벗은 겨울나무처럼 살아갑시다.

스스로 씨뿌리고, 스스로 수확하며,
스스로 축복할 수 있는 사람이 되어야겠습니다.

우리 모두가 살아야 할 것은
자기 생명이 끝나는 그 순간까지
자기에게 주어진 가능성을 발견하고
다 불살라 버리고 재가 되는 삶입니다.

행복한 죽음을 택하기에 앞서 자신에게 주어진
생명을 남김없이 불사르는 삶입니다.

신이 모든 인간에게 준 각자의 고유한 별과
고귀한 생명의 빛을 발견하고
적극적이고 능동적으로 살아가는 삶입니다.
자신과의 끝없는 싸움에서 승리하는 삶입니다.

가장 완벽하고 가득한 삶이 되도록
순간순간을 힘껏 포옹하는 삶입니다.

기운 내

기운 내
길이 없는 듯하지만
길은 어딘가 있는거야

절망하지마
주님의 빛 비추이면
희망도 피어날거야

오늘은 비가 내리더라도
내일은 반드시 햇살이 비출거야

기운 내
웃음은 웃음을 부르고
감사는 기적을 낳으리

우상

손길 닿지 않는 높은 곳,
반짝이는 해와 달,
빛나는 별들과 나무가
그 자리에 서 있다

사람의 손길로
황금빛 광택을 입힌 형상들,
그 앞에 무릎 꿇고 절한다

바람보다 먼저 달려가
그것들을 신神이라 부르며
마음으로 새기고
사람을 구원하라 한다

그러나 가까이 다가갈수록
그 빛은 차갑게 굳어
돌덩이 같은 침묵만이 메아리친다

우상은 말이 없고
그림자만 길게 드리울 뿐
복도, 화도 주지 못하는 공허한 허상

그것은 인간의 탐욕에 따른 것으로 무익할 뿐,
전혀 사람을 구원하지 못한다

그 중 가장 깊은 우상은
바로 '나'스스로를 섬기는 교만!

눈을 가리고 길을 잃게 하며
멸망의 구렁텅이로 떨어뜨리는 어둠

그 허기는 끝없이 사람을 묶고
우상의 노예로 만든다

그러나 자유의 길은 단 하나,
회개의 자리에서 시작되리

남동생

우리 집엔 딸이 넷,
입양된 본처의 아들과 첩의 아들
모두 6형제라 불렸다

남동생은 출생의 비밀을 알았고
그 비밀은 무겁게 가슴을 눌렀다

사랑이 모자란 세월 속에서
거센 바다에 부서지는 파도처럼
삶을 함부로 휘두르며 떠돌았다

대학을 등지고 음악을 좇아
악기를 빚는 세월 보냈건만
손에 남은 건 빚더미뿐,

가정은 부서지고 아들들과도 헤어져
이제는 일용직 노동자로 지낸다

삶의 굴곡 속에서 터득한 진실
하루하루 노동과 그 열매의 기쁨과 감사

엄마의 사랑과
주님의 사랑으로 돌아와
뒤늦게 철이 든 남자

그러기에 더 아픈 손가락

2025년 3월 30일

자매

한 자궁에서 태어난 인연
핏줄로 맺어져 영혼으로 이어지니

같은 뿌리에서 피어났어도
닮은 듯 다르면서
서로를 감싸 안는 존재

한 부모를 모시며
사랑의 울타리 세워가네

요람에서 무덤까지
함께 걷는 길

기쁨과 슬픔을 함께 나누며
눈물과 웃음으로 엮인 시간들

갈등 속에서도 단단해지고
다툼 끝에서도 더 깊어지는 정

기쁠 때나 슬플 때
함께할 수 있어 좋고

아플 때나 쓰러질 때
위로를 주고 받으니 좋다

멀리 떠나도 돌아오면
늘 같은 자리에서 기다리며
말없이 맞아주는 사람

그 사랑으로
남은 길도 함께 걸으리

2025년 3월 26일

아버지

아버지!
몇십 년이 흘러도
언제나 그리운 이름

새벽별처럼 빛나고
태양처럼 따스한 손길,

늘 자상하고 다감한 눈길로 다가와
품어주시던 따뜻한 품
당신은 사랑이셨습니다

햇살보다 먼저 일어나
자식들의 하루를 여시고
묵묵히 흘린 땀방울로
자식들의 삶을 일구셨지요

말없이 등을 토닥이며
세상을 살아갈 용기를 주시고

마지막까지도 걱정하셨습니다

영등포시장의 기둥이 되어
마을을 돌보던 손길,
그러나 외로움에 기대셨던 술,
그 술로 사시다가 가셨습니다

떠나시는 날,
의식이 없는 몸짓 속에서도
제 손을 잡으셨건만
두려움에 놓쳐버린 마지막 온기

끝내 독립하지 못한 자식이 애처로웠던가요
그 마지막 사랑의 무게를
오늘도 가슴에 안고 살아갑니다

한 번도 효도하지 못한 채
보내드린 아버지,

참으로 죄송합니다

2025년 3월 31일

왜 사세요?

희망이 자라는 시간

노숙인 쉼터에서
말씀과 시를 나누었다

삶의 밑바닥,
희망을 잃은 눈빛들 속에서도
무언가 찾기 위해
삼삼오오 모여든 사람들

희망의 시들을 낭송하자 한 사람이 묻는다
"하루살이도 목표가 있다는데
나는 왜 사는지 모르겠어요
선생님은 왜 사세요?"

문득 생각한다
나도 목표없이 살아간다
다만 순간과 현재의 삶에 감사하며 충만하게 살아간다

숨 쉴 수 있다는 것,

걸을 수 있다는 것,

그것만으로도 감사,
그것만으로도 행복

어둠과 절망 가운데
살아있다는 것만으로도
이미 봄날인 것을

2025년 3월 19일

제3부

동굴 밖으로 나아가자

주님은 저의 인생이고 저의 시입니다

인생이 헛되다고 해도
주님은 제 인생의 기쁨이며
생명이요
소망입니다

주님은 저의 인생이고
저의 역사이며
저의 시입니다

인생이 헛되다고 해도
일상의 기쁨과 기적 속에서
주님을 찬양합니다

현재의 삶에 만족하며
일상의 수고와 땀을 통해
주님을 노래합니다

온몸과 마음을 다해 주님을 사랑합니다

동굴 밖으로 나아가자

우리는 동굴에 갇혀 그림자만 보고 산다
진실은 멀리, 손에 닿지 않는다

절기나 주일을 지켜보아도
거짓된 경건은 허상일 뿐

주일만 주의 날이 아니다
월화수목금토일
모두 주의 날이다

그림자를 넘어 참빛을 향해
동굴 밖, 생명의 길로 나아가

허례허식의 껍데기를 벗어던지고,
믿음과 행위의 온전한 길을 걸으며
사랑과 공의의 꽃을 피워내자

당신을 우리 마음에 모시면

당신을 우리 마음에 모시면
걱정과 어둠이 물러나고
빛이 비추입니다

우리의 슬픔이 변하여 기쁨이 되고
우리의 절망이 희망으로 일어섭니다

당신을 우리 마음에 모시면
우리의 일상이 꿈을 꾸게 되고
기적을 일으키는 능력이 됩니다

사막과도 같은 메마른 마음이
소망의 샘물로 변하고
새로운 창조의 날을 만들어갑니다

당신을 우리의 마음에 모시면
남자와 여자, 주인과 종, 어른과 아이,
계급과 계층 간의 차별과 편견이 사라지고

모두가 사랑으로 하나 되는 사회가 됩니다

주님만을 바라봅니다

하나님은 우리의 아버지
우리는 그분의 자녀

그러나
세상은 전쟁과 어둠 속에 눈물과 상처,
가난과 아픔 속에 흔들리는 갈대와 같으나

우리는 오직 주님만을 바라봅니다
빛이시고 피난처 되시는 분

목마른 사슴이 시냇물을 찾듯
파수꾼이 새벽을 기다리듯
우리의 영혼, 주님을 갈망합니다

주님만이 우리의 희망이시니
우리를 사망의 그늘에서 건져주시고

주님이 우리를 사랑하신 것같이

우리도 주님을 사랑하게 하소서

그 사랑으로 살고
그 사랑으로 죽게 하소서

주님만이 우리의 영원한 복,
주님만이 우리의 영원한 기적

그분 안에 모든 것이 있습니다

믿음

믿음의 출발은
죄인임을 고백하는 낮은 마음,
회개의 눈물로 피어나는 새벽빛

그래서 사람을 변화시키는 온기,
세상을 밝히는 따스한 등불

기다림 속 인내의 걸음 되고,
그분의 언약을 품는 깊은 바다

믿음은
한계를 뛰어넘는 바람,
내 안의 잠든 능력을 깨우는 소리

길이 없는 곳에
길을 만들어가는 길

낡은 틀을 부수고 날아오르는 용기,

위험 속에서도 춤추는 자유의 깃발

억압과 질곡을 벗어나 끝까지 견디는 힘,
천국을 꿈꾸고 오늘을 살아내는 길

믿음의 완성은
선을 행하는 생명의 숨결,
행함으로 피어나는 온전한 꽃

이웃과 나누는 사랑의 향기,
누군가의 선물이 되는 은혜

기도 1

새벽별 빛나는 길을 나서며
간절한 마음,
기도로 피어납니다

당신의 능력과 은혜를 바라보며
기도 속에서 당신을 만나리

말씀 속에 스며든 사랑의 빛,
자비를 구하는 떨리는 숨결

가난한 심령에 임하소서
당신의 영으로 채워주소서

교만한 마음 부서지고
겸손의 꽃 피어나
인내의 열매 맺게 하소서

눈물과 피로 뿌린 씨앗

기쁨으로 거두게 하시고

갈망하는 마음에
빛을 비춰주소서

그리 아니하실지라도
당신보다 더 원하는
욕망의 무덤에서 벗어나

오직 기쁨과 감사로
당신을 바라보게 하소서

기도 2

우리의 기도가
당신을 향한 감사와 찬양되게 하시며
당신의 꿈 이루어가는
사랑과 헌신의 양식 되게 하소서

우리의 기도가
자신의 유익에만 머물지 않게 하시고
이웃의 기쁨과 소망을 낳는 기적 되게 하소서

다툼과 분쟁이 있는 곳에
평화를 심고
고통받는 이들과 함께 하는
따뜻한 봄날 되게 하소서

우리의 기도가
생동하며 도약하는 봄의 노래가 되고
여름날 폭염 이기는 그늘 되게 하시며

가을날 익어가는 풍성한 열매 되게 하시고
겨울날 추위 녹이는 희망의 불꽃 되게 하소서

우리의 기도는
모든 바라는 것들의 씨앗입니다

7월의 기도

어김없이 찾아오는 세월의 힘,
되풀이 되는 계절의 흐름 속에서
한여름의 축복을 맞이합니다

우리의 인생도 시간의 강물에 실려
한 걸음 한 걸음 나아갑니다

장맛비 속에서도 햇살은 길을 찾고
짙푸른 나무 그늘은 불타는 태양 아래
숨겨진 당신의 은혜

당신은 7월의 바람 되어
지치고 무거운 우리의 삶을 어루만지고

푸르른 하늘 향해
무지개 날개 펼치며
새로운 힘을 불어넣어 줍니다

7월의 뜨거운 숨결이
우리의 사랑과 열정이 되어

상처받고 아파하는 사람들에게
희망의 빛으로 다가가게 하소서

전쟁의 그림자 걷히고
평화의 빛이 비치며

억압과 독재의 땅에
자유와 해방의 꽃 피어나고

가난과 궁핍이 있는 곳에
나눔과 소망의 불씨 타오르게 하소서

천국의 셈법*

세상의 이치는 땅의 값어치로
노력한 만큼 거둔다 하지만
천국의 셈법은 그러하지 아니하다

주인은 장터에서 서성이는
빈손들을 불러 모아

하루종일 땀 흘린 자도
단 한 시간 일한 자도
모두 같은 품삯을 내린다

먼저 온 자는 불평하나
자비의 빛은 누구에게나 고루 비추이니
은혜는 주인의 선함에서 흐른다

사람의 능력이 아닌,
그분의 뜻이 이끄는 나라

그곳에서는
나중 된 자가 먼저 되고
먼저 된 자가 나중 될 수 있다

* 마태복음 20장 1-16절 참고.

내비게이션

폭풍우 몰아치는 거센 바다,
짙은 어둠에 잠긴 황량한 땅,
먹구름 뒤덮인 잿빛 하늘 아래

악인은 번성하고 의인은 쓰러지며
불의가 정의를 짓누르는 세상

가난한 자의 구원은 가로막히고
성실한 자는 빈손으로 돌아가며
증오와 적대가 온 세상을 찢고
사랑은 메말라버린 사막 같은 세상

그러나 당신은 길이요 빛이시니
어둠 속에서도 생명의 길 밝히고
절망에 머문 자들에게 나침반 되어
구원의 항로로 이끄시는 내비게이션

당신의 인도 따라 나아갈 때

참된 기쁨과 깊은 쉼을 누리리라

진정한 리더

당신은 섬김을 받기 위해 오시지 않았습니다
도리어 섬기기 위해 오셨습니다

고통받는 자들의 눈물을 닦아주고
굶주린 자의 손을 붙들어 넘치도록 먹이셨습니다

무리가 배고파 쓰러질까 염려하며
떡을 나누고 떼어 넘치게 하셨으니
그 자리에 세상의 빛이 머물렀습니다

산다는 것은 곧 먹는 것,
독점과 굶주림 속에 사랑은 메말라가지만
함께 먹을 때 비로소 세상은 하나가 됩니다

진정한 리더란
군림하고 독점하며 지배하는 사람이 아니라

함께 하는 식탁 속에서

사랑과 정의, 그리고 평화를
만들어가는 사람입니다

메시아의 강림

지극히 높은 왕 중의 왕이신 그분은
인류를 향한 구원의 약속을
성취하시기 위해 오셨습니다

어둠의 그림자가 가장 짙은 때
밝은 빛으로 오시어
가장 낮고 비천한 말구유에서 태어나셨습니다

그분은 어린 양과 새 순과 같은 분,
지극히 보잘 것 없는 외모에
사람들로부터 멸시를 받고
버림까지 받는 분으로 오셨습니다

그분은 인간적인 고통을 수없이 받고
인생의 질고를 아시는 분,

인생의 모든 고난과 슬픔, 인류의 죄악을
연약한 두 어깨에 짊어지시기 위해

도살장으로 끌려가는 어린 양으로 오셨습니다

가난한 자에게 희망을 전하고,
마음이 상한 자를 고치시고,
포로된 자에게 자유를,
갇힌 자에게 놓임을 선포하시기 위해 오셨습니다

상한 갈대를 꺾지 아니하며,
꺼져가는 등불을 끄지 아니하고,
모든 억압과 절망 가운데서도
낙담하거나 포기하지 않으시며,
세상에 정의를 세우시는 분으로 오셨습니다

메시아의 오심은
사망과 절망에 빠진 사람들에게
부활이요 생명이고 축복의 시작입니다

제4부

끝까지 사랑합니다

어머니의 일생

아버지는 바람둥이셨습니다
그의 곁에는 늘 첩이 있었습니다

어머니는 일자무식의 아낙네였습니다
그래서 평생 첩 꼴을 보고 사셨습니다
가슴에는 분노와 한이 서려 있었습니다
그러나 마음만은 투기하지 않는 부처님이었습니다
어머니는 아버지를 굳센 기둥으로 알고 섬겼습니다

마지막 첩은 간특했고 탐욕스러웠으며
질투의 화신이었습니다

바람 잘 날이 없었으며
아버지와 어머니는 늘 싸움을 했습니다
가정은 평화가 없었으며, 불붙는 지옥이었습니다
그래도 아버지는 어머니를 엄지로 꼽았습니다

아버지와 첩은 세상을 떠났고,

그들과 함께 분노도 미움도 질투도
사랑도 갈등도 사라졌습니다

어머니의 두 번째 기둥인 큰딸도 갔습니다

일평생 크고 작은 일들을 겪으면서도
평생 자식들과 남편을 위해 헌신해 온 어머니!

이제 97세의 나이에 알츠하이머를 앓으시면서
아팠던 과거들은 잊어버리고, 미움도 사랑도 잊어버리고
오직 천진난만한 어린아이로 돌아가
천국의 소망을 품고 본향으로 돌아갈 그 날을 기다리십니다

일상생활의 행복

어머니의 짧게 깎은 손톱 끝,
가위 독에 베여 작은 수술을 받으셨다

빠져나간 손톱을 떠올리니
서늘한 바람이 등 뒤로 스며들었다

무료하던 나의 하루는
어머니의 빠진 손톱으로 분주해졌다
밥을 짓고, 설거지를 하고,
청소를 하고, 빨래를 했다

손끝에 얹힌 작은 노동들이
온몸을 무겁게 눌렀다

스무 해를 어머니의 품 안에서
안일하게 살아온 나,
그저 당연하다고 여겼던 손길이
얼마나 깊은 희생이었는지

이제야, 이제야 깨닫는다

평범한 일상의 행복은
누군가의 희생과 헌신 속에서
피어난다는 사실을

1978년 8월 19일

저승 잠

어머니가 2013년 3월부터 알츠하이머 치료를 받고 계십니다
언제부터인가 목욕과 세수도 제가 해드리고 있습니다
노인정에도 휠체어로 제가 매일 출퇴근 시켜 드립니다

그러나 어머니가 요즘 노인정에도 가지 않으시고 잠만 주무십니다
노인정에 가셔도 내내 잠만 주무십니다
이러한 어머니의 모습에 다른 할머니들은
"잠만 잔다 노인정에는 왜 오느냐"하십니다

어머니는 이것을 '저승 잠'이라고 담담하게 말씀하십니다

97세의 나이에 무엇을 바라겠습니까
사람이 태어나서 늙어가며 병들고 죽는다는 것을 다시금 깨닫습니다
모든 것이 하나님의 섭리를 따를 뿐입니다

주님! 적당한 때에 어머님이 육신의 고단한 장막을 벗어버리고,
주님과 자녀들의 축복 속에서 생의 마지막을 장식하게 하여주소서

그때까지는 제가 끝까지 어머니를 잘 모실 수 있도록 하여주소서

2019년 4월 10일

어머니의 똥

어머니의 몸에 이상이 생겨 변비가 왔습니다
몇 날 며칠, 굳어진 시간 속에
마음 졸이며 기다렸습니다

그러던 어느 순간,
고맙게도 찾아온 작은 기적,
똥이 나왔습니다

그 향이 이토록 반가울 줄이야

살아있음의 징표,
건강함의 소식,
그리하여 나는 오늘도 안도합니다

2019년 6월 3일

어머니를 요양원에 모시면서

돌보는 데 한계가 와서
어머니를 요양원에 모시려 합니다
그녀의 옷과 양말 그리고 모든 물건에
그 이름을 한땀 한땀 새기며 슬픔을 달랩니다

69년을 동고동락한 어머니!
아직은 얼떨떨하고 실감이 나지 않지만
서류를 작성하고 있는 나를 힐끔 쳐다보며
점심 드시러 가는 뒷모습은 쓸쓸하기만 합니다
작별다운 작별도 하지 못하고
서로의 정을 나누지도 못했습니다

어머니의 옷과 가방들을 정리하면서
그녀의 일생을 가늠해 봅니다

변변치 못한 옷들과 가방!
하나도 건질 것 없는 물건들을 보면서
그녀의 궁색한 일생을 되돌아봅니다

어머니가 잘 적응하실지 염려하면서
하루를 보내고 또 하루를 보냅니다

그녀가 누웠던 빈 소파와 빈 방!
그녀의 무표정한 표정들과 몸짓!

가슴과 심장에 아련히 박히고
북받치는 그리움과 서러움에
온몸이 저려 옵니다

요양보호사님에게 건넨 어머니의 말씀!
"내가 오래 살아서 내 딸을 고생시켜
그러나 죽는 것을 내 마음대로 할 수 있나"

주님! 어머니를 끝까지 지켜 주세요
천시天時를 다하여 가득한 죽음 속에 고요히 돌아가시도록

2021년 11월 3일

면회 가는 길

자유로와 서울 외곽순환도로를 타고
100세를 맞이하는 어머니를 뵈러
요양원에 가는 길은 멀지만 가깝습니다

비대면 유리 벽을 통해 뵙는 어머니의 모습을 보며
"내가 누구야"
"어디 아픈 곳 없으셔?"
"편안하셔요?"

이 짧은 물음에 어머니가 옳게 대답하면
자식들은 손뼉을 치고 좋아합니다

어머니가 "할렐루야 아멘" 하며
"많이 많이 사랑한다"라고 말씀하실 때
자식들 역시 "사랑해요"라고 응답하며 행복해합니다

점점 기억력을 잃어가시는 어머니의 정신줄을
애써 붙잡으며, "엄마 밥 잘 드시고 건강하세요!"

10분간의 소박한 대화가 이리도 귀하고 소중합니다

어머니가 살아계시기에 가능한 대화!

흘러가는 찰나의 시간을 붙잡고 있습니다

어머니의 가득한 죽음을 기대하면서
머지않아 과거가 될 현재의 만남을
보물처럼 소중하게 간직합니다

2022년 1월 28일

어머니의 슬픔

어머니의 연세가 100세라도
그 연수의 자랑은 수고와 슬픔뿐이요
신속히 가니 날아갑니다

이제는 요양원에 갇혀서
죽음만을 기다리시는
어머니는 말씀하십니다

"이곳은 왜 이렇게 사람들이 많아
그런데 나는 심심해!
나는 외로워!
집으로 가고 싶어!
언제 데리러 와?"

군중 속의 고독!

나는 어머니의 눈 속에서 슬픔을 보았습니다
어머니의 침묵과 늘어진 육체 속에서

본향으로 본향으로 가고 싶어하시는 마음을 느꼈습니다

그러나 나는 알았습니다

어머니의 기억력과 생의 기능들이
나날이 사라져가지만
어머니의 외로움과 슬픔 속에
영생에 대한 소망과 기쁨이 있다는 사실을

어머니의 기도 속에 자식들에 대한 축복과 하나님과
어머니를 간호하시는 분들에 대한 감사가 있다는 사실을

어머니의 육신은 비록 죽음을 향해 가시지만
열심히 열심히 살고 있음을

2022년 2월 17일

어머니의 말씀

죽음을 향한 길 위에서
어머니의 한 마디 한 마디는
시가 되고,
감사가 되고
마지막 유언이 됩니다

어머니의 말씀은
위로가 되고,
아픔이 되고,
추억이 됩니다

깊은 침묵 속에서도
어머니가 살아계시니 말씀이 흐르고,

망각의 강으로 사라져가는
기억을 붙잡기 위해
어머니는 치열하게 싸우십니다

"아픈 데는 없는 데 자꾸만 총기聰記가 흐려져…"

슬프게 내뱉는 그 말씀

어머니!
당신의 기억투쟁을 온 마음으로 응원합니다

2022년 2월 20일

사랑하는 것이
죽음을 이기는 능력

100세의 어머니는 요양원에서 누워만 지내십니다
차츰 기억력을 잃어가는 어머니를 안타까워하면서
가물거리는 기억력을 붙잡아 영상통화를 했습니다
첫 마디는 마음 깊은 곳을 울리는 슬픔

"미안하구나. 오래 살아서
네 짐이 되는구나
이제 하나님 집으로 가고 싶다"

아리고 시린 가슴으로 기도합니다
어머님이 천국의 소망을 품고
미안함과 애통한 마음을 내려놓고
남은 날들,
오직 기쁨과 감사로 채우시기를

어머니는 무언중에 말씀하십니다

"오직 절망 속에서도 감사했노라

오직 슬픔 속에서도 기뻐하며 살았노라
오직 미움 속에서도 사랑하며 살았노라

너희들을 먼저 사랑했고
끝까지 너희들을 사랑했노라

사랑은 생명이고, 생명을 낳는 일이요
사랑하는 것이 죽음을 이기는 능력이라"

어머니의 위대한 사랑은
시간도 멈추게 하고
세월도 뛰어넘어
우리 가슴에 영원히 새겨집니다

2022년 4월 22일

완두콩

알뜰시장에서 완두콩 한 자루를 샀다
몇 시간을 앉아서 손끝으로 껍질을 벗기며
1년 치 양식을 준비한다

완두콩 한 알 한 알 속에 떠오르는
어머니의 기억,
평생을 다해 헌신하고 수고하던 그 손길

어머니의 손으로 까시고 지으신 완두콩 밥에는
그녀의 땀과 사랑이 서려 있었다

그러나 지금은 요양원에 계신 어머니!
완두콩 밥을 드시지 못한다
콧줄로 영양액을 드신다

끝까지 애쓰며 버티고 있는
어머니의 삶의 무게,
뼈만 남은 마지막 시간들

끝내 완두콩 밥을 드시지 못하고 가실
그날을 헤아려본다

끝까지 사랑합니다

코로나 19로 오랫동안 뵙지 못했던
어머니를 대면 면회했습니다

요양원 생활 속에서
다리 근육은 다 빠지고
종아리에 각질이 생기고
손톱은 무좀으로 하얗게 변해 버렸습니다

주먹을 꼭 쥐고 있는 어머니는
마지막 생명 줄을 놓지 않으려고
안쓰럽게 애쓰십니다

뼈만 앙상한 다리 위로 푸르른 하늘이 비추입니다
어머니에게 흘러간 옛 노래를 불러드리나
무감각하게 쳐다보는 눈동자 속에
한없는 슬픔이 아른거립니다

얼마 남지 않은 세월을 아끼고

아직도 잊지 못하는 자식들의 이름과
자신의 이름을 부르며
잊혀져가는 기억을 붙잡습니다

가는 시간 멈추어 잡을 수 없어
순간을 포착하여 어머니의 모습을
사진으로 남깁니다

사진은 순간을 영원으로 바꾸는 마법!

무덤덤한 표정 속에 깃든 감사와 사랑의 마음이
어머니의 무너진 어깨 위로 흘러내리고
우리는 말없이 어머니의 창백한 볼을 어루만집니다

2023년 5월 13일

기다림

100세를 넘으신 어머니의 육신은 껍데기뿐입니다
점점 굳어져 가는 몸을 마음대로 움직이지 못하고
콧줄로 연명하시며 요양원에 갇혀
가실 날만 기다리시니
육신은 고달프고 마음은 괴로우십니다

인생은 허무하고 살아갈 소망은 끊겼으나
갈 날은 아직도 막막하니
어머니가 웃지도 않으시고 말문도 닫으셨습니다

뼈만 남은 육신은 무거운 짐 덩어리 같고
하루를 살아내기가 너무 힘드시다고 하시니
안타까운 마음으로 어머니를 부릅니다

"어머니!
조금만 더 기다려요

고달픈 육신의 장막을 벗고

주님 곁으로 가실 날을 소망하며
끝까지 견디세요"

어머니는 눈을 꼭 감으시고
잠잠히 고개를 끄덕이십니다

2023년 9월 15일

죽음의 길

2년째 요양원에 계신 어머니!

말하고 싶어도 말하지 못하고
움직이고 싶어도 움직일 수 없는
죽음의 길을 가고 있다

죽음의 길은 가깝지만 멀기도 하다

본향으로 가는 길

어머님이 주무시다가 본향으로 돌아가신 시간은
아주 짧은 순간이었습니다

가쁘게 숨을 내쉬며 이 땅에서의
마지막 호흡을 마치셨습니다

100년의 시간 속에서 견디고 살아온 험악한 세월들
아침저녁으로 기도 올리고
주님 의지하며 살아온 세월들
뜨거운 기도 속에 담긴 감사와 찬양의 시간들

어질고 선한 삶으로 그리스도인의 삶을 실천한 시간들,
아낌없이 베풀고 나누는 밥의 힘으로
사람들을 모으고 품어준 용서와 사랑의 능력을
우리에게 남기셨습니다

어머니의 마지막 유언은
"고맙다, 사랑한다"는 말이었습니다

다섯 자식들에게 고요히
무언의 눈짓으로 무한한 사랑 남기셨습니다

이제 무거운 육신의 옷을 벗고
영혼의 춤을 더덩실 추며
천상의 기쁨으로 주님께 갑니다

영혼의 노래로 이생을 마감하고
천상의 노래로 찬양하니
천국의 기쁨입니다

국화꽃 삼백 송이로 장식된 영정 앞에서
자손들, 친지들, 조문객들 모두 모이 놓고
어머니와 이별을 합니다

찬란한 하늘의 빛 받으며,
하늘의 향기 되어
평안히 가십시오, 영원한 나라로   2023년 9월 22일

님은 갔습니다

당신은
가을에 와서
백수의 삶을 살다가
가을에 갔습니다

가득한 죽음입니다

한 줌의 재가 되어
영원한 그리움과 사랑을 남기고
당신과 함께했던 날들을
추억으로 남겨둔 채

가없는 평안과 기쁨 속에서
이별의 아픔을 나누었습니다

당신은
한 줌의 흙이 되어
땅과 함께 하나가 되었습니다

아늑한 산, 푸르른 들판 위로
한 마리 새가 되어
천사의 날개로 하늘과 하나 되고
하늘의 빛으로 승화되었습니다

당신은
이제껏 이고 딛고 살아왔던
이전의 하늘과 땅을 떠나

새 하늘과 새 땅이 펼쳐지며
신神과 일체가 되는
영원의 삶을 살게 되었습니다

2023년 9월 23일

어머니의 유품

어머니가 돌아가신 후
어머니가 남기신 유품들 속에서
어머니의 체취를 느끼고

어머니가 손수 만드신 옷을 사진 찍어 두며
어머니를 생각하면서 버리는 쓰레기는
어머니와 내 인생의 나이만큼 쌓이고
어머니와 나의 인생을 돌아보게 한다

버릴 줄 모르고 쌓아두기만 한 인생이었다
죽으면 가지고 갈 수 없는 물건들이었다

물건에 대한 집착은 허무한 죽음과도 같다
인생도 쓰레기 정리하듯 비워야 한다

비우는 삶이
채우는 삶이자
영원한 삶이다

2023년 10월 4일

갈치

광택 나는 은백색
꼬리는 실모양의 바닷물고기
생김새가 기다란 칼 모양을 하고 있어
도어刀魚 또는 칼치라고도 부른다

이놈은 단백질이 풍부하고 맛이 좋아
서민들이 즐겨 먹는다

요리방법도 다양하여 회로 먹고
구워 먹고, 조림으로 해먹는다

이놈을 시장에서 사와 구워 먹으니
엄마 생각이 난다

무척이나 좋아하셔서
한 토막에 밥 한 공기 뚝딱이셨지

그리움이 갈치 한 토막에 묻어난다

그리움 1

어머니!
그 이름만으로도 따뜻한 감동

이제는 영영 볼 수 없어
슬프고 아리네

그 얼굴 추억에 새겨져
마음으로 다가가니
아련한 그리움 밀려드네

보고 싶어도 볼 수 없는 곳
우리도 언젠가는 가야 할 곳

그곳에서 당신은 다시 사랑하고
기뻐하며 찬양합니다
나의 삶은 감사였다고

남겨진 사진과 영상으로

어머니가 뿌리고 간
사랑의 흔적 따라

한 올 한 올
그리움 삭이고

가슴 저리며
무한히 주고 가신
당신의 사랑 떠올립니다

2024년 9월 21일

그리움 2

을씨년스러운 11월
은행나무 줄지어 선 길가에
수북이 쌓인 낙엽들

노란 물결이 여기저기 흩어져
바삭바삭 소리 내어 울며
가는 가을 붙잡는다

만남을 기약하며 헤어지는 연인들처럼
헤어짐은 또다시 만날 날을 꿈꾸는데

지난해 가을 낙엽처럼 바스러져
하늘로 떠나신 어머니

다시 볼 날 없으니
그리움은 켜켜이 쌓여만 가고
어머니를 부르는 소리 애달프다

2024년 11월 17일

안식

어미 새 묻은 곳 위로
구름 한 점 없는 하늘,
맑은 가을 머금고

하늘인지 바다인지
푸르름이 빛난다

하늘가에 솟아 있는
산봉우리들,
우람하게 펼쳐져 있고

가을 속 소나무들,
곳곳에서 동산 지키며
그 푸르름 옥술잔에 가득하고

하늘 꽃이 기이한 향기 뿜어내니
아름다운 풍경 병풍 삼아

어미 새
오색구름 꿈꾼다

2024년 9월 29일

끝까지

사
랑
합
니
다

끝까지 사랑합니다

초판 1쇄 발행 2025년 6월 10일

글쓴이 김행선
발행인 김은희
발행처 블루앤노트
등 록 제313-2009-201호(2009.9.11)
주 소 서울시 양천구 남부순환로 48길 1(신월동 163-1) 2층
전 화 02)718 - 6258
팩 스 02)718 - 6253
E-mail blue_note23@naver.com

정 가 10,000원
ISBN 979-11-85485-20-1 03810

· 잘못된 책은 바꿔 드립니다.